Cocina fácil
para chicos y chicas

**RECETAS SIMPLES, RICAS…
¡Y DIVERTIDAS!**

Mara Iglesias
Ilustraciones de Víctor Páez

Introducción

A los chicos y chicas les encanta jugar, hacer algo de lío, probar cosas nuevas, divertirse y experimentar. Y como cocinar se trata un poquito de cada una de esas cosas, también suele gustarles poner manos a la obra con platos y fuentes. Claro, una vez que se animan y los dejan hacerlo. Pero… ¿cómo empezar?, ¿por dónde?, ¿de qué manera?, ¿con qué recetas? Tal vez es lo que vos te estabas (o te estás) preguntando y es por eso mismo que compraste este libro que pensamos especialmente para eso: para que vos empieces a cocinar y des tus primeros pasos en el maravilloso mundo de la gastronomía.

Mientras lo estábamos planificando y escribiendo, nunca perdimos de vista dos ideas principales. La primera de ellas es que las recetas fueran lo suficientemente fáciles como para que las pudieran hacer chicos como vos. Y, la segunda, que se adecuaran al gusto de la mayor parte de ustedes, de forma tal que las pudieran comer con ganas una vez preparadas. Respecto a este segundo punto, sabemos muy bien que a la mayoría de los chicos y chicas les encanta la pizza, las salchichas, la carne, los licuados con frutas, las papas y las pastas con salsa y, en cambio, muchos ponen cara de asco de solo pensar en comer pescado, pickles, lechuga o ajo. Por eso, siempre tuvimos en cuenta ambas cosas, o sea, que las recetas fueran tan sencillas de preparar como ricas para comer, según el gusto general.

Además, también consideramos algunas otras cuestiones que vamos a explicarte ahora para que sepas cómo usar y aprovechar mejor este libro:

- Como se llama *Cocina para chicos y chicas*, al pensar las recetas tratamos de que tu mamá (u otro adulto) participe lo menos posible de las preparaciones, para que seas vos quien realmente las haga y se luzca con ellas. Sin embargo, algunas acciones siempre están indicadas para que las haga un adulto, a saber:
  -Abrir latas.
  -Usar un cuchillo para cortar o picar.
  -Manejar el horno.
  -Hervir (fideos o arroz, o hacer huevos duros).
Por supuesto, si mamá ya te deja hacer algunas de esas cosas por vos mismo, las podés hacer solo, sin su ayuda. Por el contrario, hay otra serie de acciones que están indicadas para que las hagas vos:
  -Manejar una procesadora o una minipimer.
  -Usar el horno a microondas.
  -Usar la licuadora.

Por supuesto, y al contrario que en los casos anteriores, si mamá aún no te deja hacerlo por vos mismo, tendrá que encargarse ella.

- Te recomendamos que, antes de empezar a preparar la receta que elijas, tengas a mano todos los ingredientes y los utensilios que te indicamos en cada una de las respectivas listas.

- Si mamá debe ayudarte en algo (cosa que siempre está indicada en cada receta) sería bueno que lo hiciera antes de que vos comiences con tus tareas, salvo en los casos específicos en que deberá hacerlo en otro momento, por ejemplo, hornear una tarta cuando vos ya terminaste de prepararla.

- Tal como ya te dijimos, en cada receta aparecen mencionados los utensilios que vas a tener que tener a mano vos para hacerla. Si mamá te tiene que ayudar en algo, no especificamos los utensilios para que lo haga porque generalmente ella sabe cuáles necesita.

- Vas a ver que algunas recetas saladas tienen indicada la cantidad de sal que llevan y otras no. ¿Por qué?

Generalmente, las que no la llevan están hechas con varios ingredientes salados (panceta, salchichas, queso) y las que sí llevan es porque tienen pocos o ninguno de estos ingredientes. Por eso, preferimos siempre optar por indicarte la menor cantidad posible de sal a poner y, si vos querés, le agregás. Recordá que, si falta sal, siempre estás a tiempo de agregarla pero si te pasaste, el plato quedó arruinado y es difícil solucionarlo.

- Como tal vez ya lo sepas, no todos los hornos a microondas son iguales, sino que varían de acuerdo a la marca, el modelo y la época de fabricación. Como no sabemos cuál es el que hay en tu casa, optamos por hacer que las instrucciones al respecto sean lo más fáciles y "universales" posibles. Y siempre te indicamos el menor tiempo de cocción porque es preferible que vuelvas a calentar una comida y no que te quede reseca por exceso de cocción. Y, por supuesto, siempre que saques la comida del horno a microondas, hacelo con mucho cuidado y usando manoplas o repasadores para no quemarte. Acordate de que, además de calentar la comida, el microondas también sube la temperatura de la vajilla y te podés quemar.

Entradas... y bocados

Salchipanadas

¿QUÉ NECESITÁS?

Ingredientes (para ½ docena):
6 salchichas de viena.
6 tapas de empanadas.
Rocío vegetal, cantidad necesaria.

Utensilios:
1 pizzera o 1 tartera.
1 plato.
1 repasador limpio.

¿TE TIENE QUE AYUDAR UN ADULTO?

Sí. Tiene que hornear las salchipanadas cuando estén listas.

¿QUÉ TENÉS QUE HACER?

1) Enjuagá las salchichas y secalas. Rociá el fondo de la pizzera o tartera con el rocío vegetal.

2) Sacá del paquete 6 tapas para empanadas. Hacelo con mucho cuidado porque son muy frágiles.

3) Colocá una tapa de empanada sobre el plato, ponele la salchicha encima y envolvé la salchicha en la tapa, haciéndola rodar. Apretá un poquito para que quede firme y ponela en la pizzera o tartera.

4) Hacé lo mismo con las otras 5 salchichas y las otras 5 tapas.

5) Avisale a mamá que tus salchipanadas están listas y pedile que las hornee hasta que la masa quede dorada, lo que tardará más o menos entre 20 y 30 minutos.

6) Cuando mamá vea que ya están doradas, las puede sacar y las pueden comer calientes, tibias o frías.

Panchos con panceta

¿QUÉ NECESITÁS?

Ingredientes (para 4 panchos):
4 salchichas de viena.
4 fetas de panceta ahumada.
4 panes de pancho.

Utensilios:
1 plato que pueda ir al horno a microondas (no puede ser de metal ni metalizado).

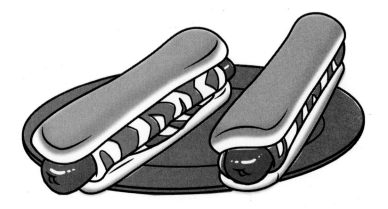

¿TE TIENE QUE AYUDAR UN ADULTO?
No. Los podés hacer vos solo.

¿QUÉ TENÉS QUE HACER?

1) Abrí los panes por el medio de forma tal que la salchicha pueda entrar, como en cualquier pancho. Lo podés hacer con la mano.

2) Enjuagá las salchichas y envolvé a cada una de ellas con una de las fetas de panceta. Empezá por uno de los extremos o puntas y andá dando vuelta la salchicha de forma tal que la panceta la rodee como si fuera una guirnalda que llegue lo más cerca posible de la otra punta.

3) Con mucho cuidado para que no se desarme, poné cada salchicha con panceta dentro de uno de los panes y, luego, acomodalos en el plato.

4) Ponelos en el horno a microondas durante 2 minutos a la potencia máxima.

Altos panchos

¿QUÉ NECESITÁS?

Ingredientes (para 4 panchos):
- *4 salchichas de viena.*
- *4 panes de pancho.*
- *1 sachet de mayonesa de 250 cm3 (puede estar empezado).*
- *1 sachet de mostaza de 250 cm3 (puede estar empezado).*
- *1 sachet de ketchup de 250 cm3 (puede estar empezado).*
- *1 paquete chico de papas fritas (pueden ser clásicas o de un sabor que te guste).*

Utensilios:
- *1 plato que pueda ir al horno a microondas (no puede ser de metal ni metalizado).*

¿TE TIENE QUE AYUDAR UN ADULTO?

No. Los podés hacer vos solo.

¿QUÉ TENÉS QUE HACER?

1) Enjuagá las salchichas.

2) Con cuidado y con las manos abrí los panes por el medio de forma tal que la salchicha pueda entrar, como en cualquier pancho, y colocásela.

3) Poné los panchos en el plato y cocinalos en el horno a microondas durante 2 minutos a la potencia máxima.

4) Retirá los panchos y, antes de que se enfríen y usando los sachets como manga, haceles a cada uno y sobre la salchicha una línea de mayonesa, otra de mostaza y una de ketchup.

5) Abrí el paquete de papas fritas, andá agarrándolas de a puñados y rompelas sobre las salsas que pusiste encima de las salchichas.

Sándwich de fugazzeta

¿QUÉ NECESITÁS?

Ingredientes (para 1 sándwich):
1 pan árabe.
2 cucharadas de queso en hebras de la variedad que más te guste (cuatro quesos, mozzarella, etc.).
½ cebolla muy chiquita.
1 cucharadita de sal.
1 cucharadita de orégano.

Utensilios:
1 procesadora o 1 minipimer.
1 plato que pueda ir al horno a microondas (no puede ser de metal ni metalizado).

¿TE TIENE QUE AYUDAR UN ADULTO?
No. Lo podés hacer vos solo

¿QUÉ TENÉS QUE HACER?

1) Procesá la cebolla hasta que te quede picada en trozos no muy pequeños.

2) Abrí cuidadosamente el pan árabe a la mitad (podés hacerlo perfectamente con las manos) de forma tal que te queden dos mitades.

3) Poné una de ellas sobre el plato con la cara interna hacia arriba y, sobre esta, colocá: el queso desparramado por toda la superficie, luego la cebolla de igual manera, salá y espolvoreá con el orégano.

4) Cociná ese medio sándwich en el horno a microondas durante 1 minuto a la potencia máxima. Si, cuando lo sacás, el queso no se derritió lo suficiente, ponelo 1 minuto más.

5) Retiralo del horno a microondas, tapalo con la otra mitad del pan y apretalo un poquito.

Caritas lactales

¿QUÉ NECESITÁS?

Ingredientes (para 4 caritas):
4 rodajas de pan lactal.
4 fetas de queso de máquina.
Mostaza puesta en un envase con pico vertedor, cantidad necesaria.

Utensilios:
1 plato que pueda ir al horno a microondas (no puede ser de metal ni metalizado).

¿TE TIENE QUE AYUDAR UN ADULTO?
No. Las podés hacer vos solo

¿QUÉ TENÉS QUE HACER?

1) Poné las rodajas de pan sobre el plato y, sobre estas, las fetas de queso de máquina.

2) Cocinalas en el horno a microondas durante 1 minuto a la potencia máxima.

3) Sacalas, dejalas enfriar un poco y pintale con la mostaza una carita sonriente a cada una.

Pizzeta de salame

¿QUÉ NECESITÁS?

Ingredientes (para 1 pizzeta):
½ figazza árabe.
2 cucharadas de queso en hebras de la variedad que más
   te guste (cuatro quesos, mozzarella, etc.).
2 cucharadas de alguna salsa de tomate en sachet 340 g
   que te guste (fileto, pomarola, etc.).
1 feta de salame.

Utensilios:
1 plato que pueda ir al horno a microondas (no puede ser
   de metal ni metalizado).
1 cuchara.

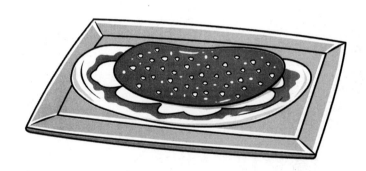

¿TE TIENE QUE AYUDAR UN ADULTO?
No. La podés hacer vos solo

¿QUÉ TENÉS QUE HACER?

1) Abrí cuidadosamente el pan árabe a la mitad (podés
hacerlo perfectamente con las manos) de forma tal que
te queden dos mitades. Guardá una de ellas en una
bolsa en la heladera y quedate con la otra.

2) Ponela sobre el plato con la cara interna hacia
arriba, agregale la salsa y distribuila bien por toda la
superficie utilizando la cuchara. Luego, esparcí por
encima las hebras de queso y, finalmente, cubrila con
la feta de salame.

3) Cocinala en el horno a microondas durante 1 minuto
a la potencia máxima. Si, cuando las sacás, el queso no
se derritió lo suficiente, ponela 1 minuto más.

Pizzeta napolitana

¿QUÉ NECESITÁS?

Ingredientes (para 1 pizzeta):
- ½ figazza árabe.
- 1 tomate perita.
- 2 cucharadas de queso en hebras de la variedad que más te guste (cuatro quesos, mozzarella, etc.)
- 2 cucharadas de alguna salsa de tomate en sachet que te guste (fileto, pomarola, etc.).
- 2 aceitunas verdes.
- 1 cucharadita de orégano.

Utensilios:
- 1 plato playo.
- 1 plato que pueda ir al horno a microondas (no puede ser de metal ni metalizado).
- 1 cuchara.

¿TE TIENE QUE AYUDAR UN ADULTO?
Sí. Tiene que cortarte el tomate.

¿QUÉ TENÉS QUE HACER?

1) Pedile a un adulto que te corte el tomate en varias rodajas finas y las ponga en el plato playo. Reservalas.

2) Abrí cuidadosamente el pan árabe a la mitad (podés hacerlo perfectamente con las manos) de forma tal que te queden dos mitades. Guardá una de ellas en una bolsa en la heladera y quedate con la otra.

3) Ponela sobre el plato con la cara interna hacia arriba, agregale la salsa y distribuila bien por toda la superficie utilizando la cuchara. Luego, esparcí por encima las hebras de queso y, finalmente, distribuí las rodajas de tomate, de forma tal que cubran la mayor cantidad de superficie. Adornala con las 2 aceitunas y espolvoreala con el orégano.

4) Cocinala en el horno a microondas durante 1 minuto a la potencia máxima. Si, cuando las sacás, el queso no se derritió lo suficiente, ponela 1 minuto más.

Pizzeta con salchicha

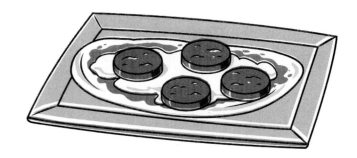

¿QUÉ NECESITÁS?

Ingredientes (para 1 pizzeta):
- ½ figazza árabe.
- 2 cucharadas de queso en hebras de la variedad que más te guste (cuatro quesos, mozzarella, etc.)
- 2 cucharadas de alguna salsa de tomate en sachet que te guste (fileto, pomarola, etc.).
- 1 salchicha de viena.

Utensilios:
- 1 plato que pueda ir al horno a microondas (no puede ser de metal ni metalizado).
- 1 cuchara.

¿TE TIENE QUE AYUDAR UN ADULTO?
Sí. Tiene que cortar la salchicha.

¿QUÉ TENÉS QUE HACER?

1) Enjuagá la salchicha y pedile a un adulto que la corte en varias rodajas finas. Reservalas.

2) Abrí cuidadosamente el pan árabe a la mitad (podés hacerlo perfectamente con las manos) de forma tal que te queden dos mitades. Guardá una de ellas en una bolsa en la heladera y quedate con la otra.

3) Ponela sobre el plato con la cara interna hacia arriba, agregale la salsa y distribuila bien por toda la superficie utilizando la cuchara. Luego, esparcí por encima las hebras de queso y, finalmente, distribuí las rodajas de salchicha, de forma tal que cubran la mayor cantidad se superficie.

4) Cocinala en el horno a microondas durante 1 minuto a la potencia máxima. Si, cuando las sacás, el queso no se derritió lo suficiente, ponela 1 minuto más.

Torre salada de panqueques

¿QUÉ NECESITÁS?

Ingredientes (para 1 torre):
8 panqueques salados.
1 sachet de mayonesa de 250 cm3 (conviene que esté entero
y lo abras para hacer este plato).
150 g de jamón cocido cortado en fetas.
150 g de queso de máquina cortado en fetas.
2 tomates
1 lata de choclo en granos.

Utensilios:
1 compotera.
1 plato playo.
1 plato grande o 1 fuente.
1 espátula.

¿TE TIENE QUE AYUDAR UN ADULTO?
Sí. Para cortar los tomates y para abrir la lata de choclo.

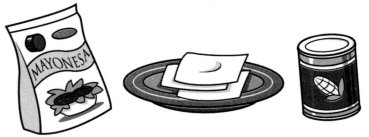

¿QUÉ TENÉS QUE HACER?

1) Pedile a un adulto que te abra la lata de choclo, la escurra y ponga los granos en la compotera. También pedile que te corte los tomates en rodajas más o menos finas, que las escurra un poco para que pierdan algo de líquido y que las ponga en el plato playo.

2) Poné el primer panqueque sobre el plato grande o la fuente, agregale mayonesa, desparramala con la espátula para cubrir todo el panqueque y añadile algunas fetas de jamón.

3) Tapá con el segundo panqueque, volvé a poner mayonesa y a espatular, y agregale algunas fetas de queso.

4) Tapá con el tercer panqueque, volvé a poner mayonesa y a espatular, y agregale unas rodajas de tomate.

5) Tapá con el cuarto panqueque, volvé a poner mayonesa y a espatular, y agregale unos granos de choclo.

6) Seguí haciendo lo mismo con los panqueques que faltan, hasta terminarlos.

7) Decorá el panqueque que queda de tapa con una rodaja de tomate y un copito de mayonesa encima, o algún otro dibujo que se te ocurra.

8) Llevala a la heladera hasta el momento de servir.

Arrolladitos de panqueques, choclo y huevo

¿QUÉ NECESITÁS?

Ingredientes (para 4 arrolladitos):
4 panqueques salados.
1 sachet de mayonesa de 250 cm3 (puede estar empezado).
1 lata de choclo en granos.
2 huevos.
1 cucharadita de sal.

Utensilios:
1 ensaladera.
1 tenedor.
1 plato.
1 cuchara

¿TE TIENE QUE AYUDAR UN ADULTO?

Sí. Tiene que abrirte la lata de choclo y prepararte huevos duros.

¿QUÉ TENÉS QUE HACER?

1) Pedile a un adulto que te abra la lata de choclo, la escurra y ponga los granos en la ensaladera. También pedile que cocine los huevos para que queden duros.

2) Cuando los huevos duros estén fríos, pelalos y agregalos a los granos de choclo. Con el tenedor, andá pisando el huevo, de forma tal que se vaya partiendo en pedacitos más bien chicos. Mezclá bien y agregale la cantidad de mayonesa que quieras y la sal. Volvé a mezclar con el tenedor.

3) Andá armando los arrolladitos uno a uno. Poné sobre el plato un panqueque extendido, sobre él dos cucharadas de la mezcla que preparaste y cerralo haciéndolo rodar para que se arme el arrolladito. Apretalo un poquito para asegurarlo.

4) Hacé lo mismo con los otros 3 panqueques.

Tomates rellenos

¿QUÉ NECESITÁS?

Ingredientes (para 4 tomates):
4 tomates redondos grandes y de tamaño lo más parecido posible.
2 latas chiquitas de atún.
1 lata chica de jardinera (papa, zanahoria y arvejas cocidas).
1 sachet de mayonesa de 250 cm³ (puede estar empezado).

Utensilios:
1 ensaladera.
1 cucharita.
1 plato hondo.
1 plato playo.
1 tenedor.
1 cuchara.
1 fuente chica.

¿TE TIENE QUE AYUDAR UN ADULTO?
Sí. Te tiene que abrir los tomates y las latas.

¿QUÉ TENÉS QUE HACER?

1) Primero, pedile a un adulto que te abra las latas de jardinera y de atún, que las escurra bien y que ponga su contenido en la ensaladera. También pedile que le corte a los tomates una tapita arriba para que vos puedas vaciarlos.

2) Agarrá los tomates de a uno por vez y, con la cucharita y por el agujero superior, andá sacándole parte del interior y poniéndola en el plato hondo, de forma tal que los tomates te queden como un cuenco vacío. Una vez vacíos, andá poniéndolos sobre el plato playo con el agujero hacia abajo, de forma tal que larguen el exceso de líquido. Lo que sacaste de adentro lo podés guardar para poner en otra receta, en una salsa, etc.

3) Mientras los tomates despiden el líquido sobrante, tomá la ensaladera que tiene el atún y la jardinera, y mezclá bien con el tenedor. Cuando esté bien mezclado, andá agregándole mayonesa y seguí mezclando, hasta que te quede una preparación pareja.

4) Agarrá un tomate, llená una cuchara con la mezcla que acabás de hacer y rellená el tomate con esa mezcla. Cuando lo tengas listo, ponelo sobre la fuente. Hacé lo mismo con los otros 3 tomates.

5) Usando el sachet de mayonesa como manga, hacele un dibujito de mayonesa a cada tomate por arriba y guardalos en la heladera hasta el momento de servirlos.

Pepinos rellenos

¿QUÉ NECESITÁS?

Ingredientes (para 4 pepinos):

4 pepinos medianos de tamaño lo más parecido posible.
2 tomates perita.
4 cucharadas de mayonesa.
4 cucharadas de queso crema.
1 cucharada de ketchup.
1 cucharadita de sal.

Utensilios:

1 taza o compotera.
1 tenedor
1 procesadora o 1 minipimer.
1 cucharita.
1 fuente.

¿TE TIENE QUE AYUDAR UN ADULTO?

Sí. Le tenés que pedir a un adulto que te ayude a cortar los pepinos.

¿QUÉ TENÉS QUE HACER?

1) Pedile a un adulto que corte y descarte ambos extremos de los pepinos, y que los corte longitudinalmente, de forma tal que queden dos mitades largas por cada uno.

2) En la taza o compotera y usando el tenedor, mezclá bien la mayonesa, el queso crema y el ketchup hasta que te quede una preparación de color parejo.

3) Procesá los tomates hasta que te quede un puré con pedazos más bien grandes, agregale eso a la mezcla anterior y volvé a mezclar.

4) Con la cucharita andá retirándole a cada pepino la parte central, la que tiene las semillas, de forma tal que te quede un hueco a lo largo. También con la cucharita rellená esos huecos con la pasta de tomate y salsas, y andá poniendo cada medio pepino uno al lado del otro en la fuente.

5) Espolvoreales la sal por arriba y guardalos en la heladera hasta el momento de servirlos.

Tarta de jamón, queso y huevo

¿QUÉ NECESITÁS?

Ingredientes (para 1 tarta de 8 porciones):
150 g de jamón cocido cortado en fetas.
150 g de queso de máquina cortado en fetas.
2 huevos.
1 tapa para tarta.
Rocío vegetal, cantidad necesaria.
1 cucharadita de sal.

¿TE TIENE QUE AYUDAR UN ADULTO?

Sí. Vos la prepararás y, cuando está lista, un adulto la hornea.

¿QUÉ TENÉS QUE HACER?

1) Rociá el fondo y los costados de la pizzera o tartera con el rocío vegetal.

2) Abrí el paquete de tapas para tarta y, con mucho cuidado porque son muy frágiles, separá una de la otra (vienen 2 por paquete). Con una de ellas, forrá la pizzera o tartera, de manera tal que te quede cubierto el piso y parte de los costados. Poné la otra tapa en el paquete en el que venía para usarla en otra preparación y guardaro bien cerrado en la heladera.

3) Colocá las fetas de jamón y de queso sobre la masa de tarta, de forma tal de rellenarla. Podés hacerlo como más te guste: alternando unas con otras o, primero las de jamón y arriba las de queso. O al revés.

Utensilios:
1 pizzera o 1 tartera.
1 ensaladera.
1 batidor o, en su defecto, 1 tenedor.

4) Partí los huevos y poné su contenido líquido en la ensaladera. Agregale la sal y batilos bien, con el batidor o el tenedor. Cuando la mezcla te quede bastante pareja, derramala sobre la tarta, tratando de que también quede lo más pareja posible, o sea, un poquito en cada lado (el centro y los costados).

5) Ahora, la tarta ya está lista para ir al horno. Avisale a un adulto y pedile que la hornee hasta que la masa quede dorada, lo que tardará más o menos entre 30 y 45 minutos.

6) Cuando vea que los bordes de la tarta ya están bien cocidos y dorados, la puede sacar y la pueden comer caliente, tibia o fría.

Tarta de atún

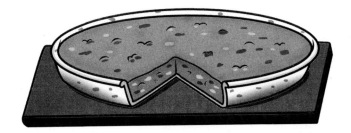

¿QUÉ NECESITÁS?

Ingredientes (para 1 tarta de 8 porciones):
2 latas chiquitas de atún.
1 sachet de 340 g de alguna salsa de tomate que te guste
    (fileto, pomarola, etc.)
2 huevos.
4 cucharadas de queso rallado.
2 cucharadas de maicena.
1 tapa para tarta.
Rocío vegetal, cantidad necesaria.

Utensilios:
1 pizzera o 1 tartera.
1 ensaladera.
1 tenedor.

¿TE TIENE QUE AYUDAR UN ADULTO?

Sí. Para abrir y escurrir las latas de atún, y para hornear la tarta cuando esté lista.

¿QUÉ TENÉS QUE HACER?

1) Pedile a un adulto que abra las latas de atún, que las escurra y que ponga el contenido en la ensaladera.

2) Rociá el fondo y los costados de la pizzera o tartera con el rocío vegetal.

3) Abrí el paquete de tapas para tarta y, con mucho cuidado porque son muy frágiles, separá una de la otra (vienen 2 por paquete). Con una de ellas, forrá la pizzera o tartera, de manera tal que te quede cubierto el piso y parte de los costados. Poné la otra tapa en el paquete en el que venía para usarla en otra preparación y guardalo bien cerrado en la heladera.

4) Al atún que está en la ensaladera agregale: la mitad del sachet de salsa de tomate, los huevos (sin cáscara), el queso rallado y la maicena. Mezclá bien todo con el tenedor.

5) Cuando la mezcla te quede bastante pareja, derramala sobre la tarta, tratando de que también quede lo más pareja posible, o sea, un poquito en cada lado (el centro y los costados).

6) Ahora, la tarta ya está lista para ir al horno. Avisale a un adulto y pedile que la hornee hasta que la masa quede dorada, lo que tardará más o menos entre 30 y 45 minutos.

7) Cuando vea que los bordes de la tarta ya están bien cocidos y dorados, la puede sacar y la pueden comer caliente, tibia o fría.

Tarta de calabacita

¿QUÉ NECESITÁS?

Ingredientes (para 1 tarta de 8 porciones):

1 calabacita chiquita.
2 huevos.
1 pote chico de queso crema o untable.
4 cucharadas de queso rallado.
3 cucharadas de maicena.
2 cucharaditas de sal.
1 tapa para tarta.
Rocío vegetal, cantidad necesaria.

¿TE TIENE QUE AYUDAR UN ADULTO?

Sí. Tiene que cocinarte la calabacita y hornearte la tarta cuando esté lista.

¿QUÉ TENÉS QUE HACER?

1) Pedile a un adulto que limpie, pele, hierva y cuele la calabacita. Seguro que sabe cómo hacerlo. Cuando la calabacita ya no suelte líquido y se haya enfriado, podés empezar a cocinar vos.

2) Mientras tanto, rociá el fondo y los costados de la pizzera o tartera con el rocío vegetal.

3) Abrí el paquete de tapas para tarta y, con mucho cuidado porque son muy frágiles, separá una de la otra (vienen 2 por paquete). Con una de ellas, forrá la pizzera o tartera, de manera tal que te quede cubierto el piso y parte de los costados. Poné la otra tapa en el paquete en el que venía para usarla en otra preparación y guardalo bien cerrado en la heladera.

Utensilios:

1 pizzera o 1 tartera.
1 ensaladera.
1 tenedor.

4) Poné la calabacita en la ensaladera y pisala bien con el tenedor hasta que te quede un puré. Agregale: los huevos (sin cáscara), el queso crema o untable, el queso rallado, la sal y la maicena. Mezclá bien todo con el tenedor, hasta que te quede una preparación pareja.

5) Derramala sobre la tarta, tratando de que también quede lo más pareja posible, o sea, un poquito en cada lado (el centro y los costados).

6) Ahora, la tarta ya está lista para ir al horno. Avisale a un adulto y pedile que la hornee hasta que la masa quede dorada, lo que tardará más o menos entre 30 y 45 minutos.

7) Cuando vea que los bordes de la tarta ya están bien cocidos y dorados, la puede sacar y la pueden comer caliente, tibia o fría.

Empanadas de lomito y queso

¿QUÉ NECESITÁS?

Ingredientes (para ½ docena):
6 fetas de lomito.
6 fetas de queso de máquina.
6 tapas de empanada.
Rocío vegetal, cantidad necesaria.

Utensilios:
1 pocillo.
1 plato.
1 tenedor.
1 pizzera o 1 tartera.

¿TE TIENE QUE AYUDAR UN ADULTO?

Sí. Tiene que hornear las empanadas cuando estén listas.

¿QUÉ TENÉS QUE HACER?

1) Llená el pocillo con agua y tenelo a mano. Rociá el fondo de la pizzera o tartera con el rocío vegetal.

2) Retirá del paquete 6 tapas de empanada. Hacelo con mucho cuidado porque son muy frágiles. Guardá el resto en la heladera.

3) Colocá una tapa de empanada sobre el plato y ponele por encima 1 feta de lomito y otra de queso. Mojate el dedo índice en el agua del pocillo, humedecé el borde de la tapa de empanada y después cerrala. Con el tenedor, apretá los bordes y pinchala dos veces por arriba, para que pueda escaparse el aire mientras se hornea y no corra el riesgo de reventarse, y acomodala sobre la pizzera o tartera. Hacé lo mismo con el resto de las tapas.

4) Avisale a un adulto que tus empanadas ya están listas y pedile que las hornee hasta que la masa quede dorada, lo que tardará más o menos entre 20 y 30 minutos.

5) Cuando vea que las empanadas ya están doradas, las puede sacar y las pueden comer calientes, tibias o frías.

Canastitas de jardinera y queso

¿QUÉ NECESITÁS?

Ingredientes (para ½ docena):
2 latas chicas de jardinera (papa, zanahoria y arvejas cocidas).
6 cucharadas de queso en hebras de la variedad que más te guste (cuatro quesos, mozzarella, etc.)
6 tapas de empanada.
Rocío vegetal, cantidad necesaria.

Utensilios:
1 ensaladera.
1 pocillo.
1 plato.
1 cuchara.
1 pizzera o 1 tartera.

¿TE TIENE QUE AYUDAR UN ADULTO?

Sí. Tiene que abrirte las latas de primavera y hornear las canastitas cuando estén listas.

¿QUÉ TENÉS QUE HACER?

1) Primero, pedile a mamá que te abra las latas de jardinera, que las escurra bien y que ponga su contenido en una ensaladera.

2) Llená el pocillo con agua y tenelo a mano. Rociá el fondo de la pizzera o tartera con el rocío vegetal.

3) Retirá del paquete 6 tapas de empanada. Hacelo con mucho cuidado porque son muy frágiles. Guardá el resto en la heladera.

4) Colocá una tapa de empanada sobre el plato, y ponele 1 cucharada de queso en hebras y 2 de jardinera. Mojate el dedo índice en el agua del pocillo, humedecé el borde de la tapa de empanada y después, usando los dedos pulgar e índice de ambas manos, cerralas haciendo primero 2 pinzas y después otras 2, de forma tal que te quede una canastita. Hacé lo mismo con el resto de las tapas y andá colocándolas en la pizzera o tartera.

5) Avisale a un adulto que tus canastitas están listas y pedile que las hornee hasta que la masa quede dorada, lo que tardará más o menos entre 20 y 30 minutos.

6) Cuando vea que las canastitas ya están doradas, las puede sacar y las pueden comer calientes, tibias o frías.

24

Tacos de panqueques

¿QUÉ NECESITÁS?

Ingredientes (para 4 tacos):
- *4 panqueques salados.*
- *2 tomates perita.*
- *4 fetas de jamón cocido.*
- *4 fetas de queso de máquina.*
- *1 poquito de orégano.*

Utensilios:
- *1 procesadora o 1 minipimer.*
- *1 compotera.*
- *1 plato.*
- *1 cucharita.*
- *1 plato que pueda ir al horno a microondas (no puede ser de metal ni metalizado).*
- *4 escarbadientes.*

¿TE TIENE QUE AYUDAR UN ADULTO?
No. Los podés hacer vos solo.

¿QUÉ TENÉS QUE HACER?
1) Primero, procesá los tomates hasta que te queden en trozos pequeños, pero que no se hagan puré, y pasalos a una compotera.

2) Andá armando tus tacos uno a uno. Sobre uno de los platos poné: un panqueque extendido, sobre este una feta de jamón, otra de queso, dos cucharaditas de tomate procesado y algo de orégano. Cerralo haciéndolo rodar para que se arme un arrollado y ponelo en el otro plato, que es el que va ir al horno

a microondas. Si lo querés asegurar, podés pincharlo con un escarbadiente y sujetarlo.

3) Hacé lo mismo con los otros 3 panqueques y el resto de los ingredientes.

4) Cocinalos en el horno a microondas durante 1 minuto a la potencia máxima. Si, cuando los sacás, el queso no se derritió lo suficiente, ponelos 1 minuto más.

Platos principales y guarniciones

Hamburguesas caseras

¿QUÉ NECESITÁS?

Ingredientes (para 4-6 hamburguesas):
300 g de carne picada.
1 huevo.
3 cucharadas de avena arrollada (la podés reemplazar por igual cantidad de pan rallado).
1 cucharada de perejil seco.
1 cucharada de polvo para hacer sopa crema de cebolla.
2 cucharaditas de sal.

Utensilios:
1 pocillo.
1 ensaladera.
1 tenedor.
1 fuente.

¿TE TIENE QUE AYUDAR UN ADULTO?
Para hacer las hamburguesas, no. Para cocinarlas, sí.

¿QUÉ TENÉS QUE HACER?
1) Poné el perejil seco en el pocillo y agregale una o dos cucharadas de agua para que se hidrate, o sea, deje de estar seco y se parezca más al perejil fresco. Dejalo unos 10 minutos y retirale el agua que sobra.

2) Colocá la carne picada en la ensaladera y agregale: el huevo (sin cáscara), la avena arrollada o el pan rallado, el perejil, el polvo para hacer sopa crema de cebolla y la sal. Mezclá bien todo con el tenedor.

3) Cuando todo esté bien mezclado, agarrá un poco con la mano y hacé una bolita como si fueras a hacer una

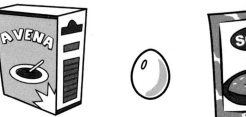

albóndiga. Luego, ponela en la palma de tu mano y con la otra, aplastala con mucho cuidado, hasta que te quede de una forma lo más parecida posible a una hamburguesa. Andá poniendo cada hamburguesa sobre la fuente y separadas unas de otras.

4) Una vez que las tengas todas hechas, pedile a un adulto que las cocine. Las puede hacer a la plancha o al horno, dándolas vuelta en mitad de la cocción.

Hamburguesas caseras con queso

¿QUÉ NECESITÁS?

Ingredientes (para 4-6 hamburguesas):

250 g de carne picada.

1 huevo.

3 cucharadas de avena arrollada (la podés reemplazar por
igual cantidad de pan rallado).

5 cucharadas de queso en hebras de la variedad que más
te guste (cuatro quesos, mozzarella, etc.).

1 cubito saborizador de panceta y cebolla.

2 cucharadas de aceite mezcla, de maíz o de girasol.

2 cucharaditas de sal.

Utensilios:

1 pocillo.

1 tenedor.

1 ensaladera.

1 fuente.

¿TE TIENE QUE AYUDAR UN ADULTO?

Para hacer las hamburguesas, no. Para cocinarlas, sí.

¿QUÉ TENÉS QUE HACER?

1) Partí en varias partes el cubito saborizador, mezclalo
con el aceite en el pocillo y, con ayuda del tenedor,
desmenuzá lo más posible el cubito.

2) Colocá la carne picada en la ensaladera y agregale: el
huevo (sin cáscara), la avena arrollada o el pan rallado,
el queso, cubito con aceite y la sal. Mezclá bien todo
con el tenedor.

3) Cuando todo esté bien mezclado, agarrá un poco con
la mano y hacé una bolita como si fueras a hacer una
albóndiga. Luego, ponela en la palma de tu mano y

con la otra, aplastala con mucho cuidado, hasta que
te quede de una forma lo más parecida posible a una
hamburguesa. Andá poniendo cada hamburguesa
sobre la fuente y separadas unas de otras.

4) Una vez que las tengas todas hechas, pedile a un
adulto que las cocine. Las puede hacer a la plancha o
al horno, dándolas vuelta en mitad de la cocción.

Pan de carne

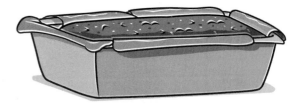

¿QUÉ NECESITÁS?

Ingredientes (para un pan de 6-8 porciones):
400 g de carne picada.
1 huevo.
6 cucharadas de avena arrollada.
1 pocillo de aceite mezcla, de maíz o de girasol.
2 cucharadas de polvo para hacer sopa crema de cebolla.
1 tomate grande.
1 cucharadita de comino en polvo.
5 cucharadas de queso rallado.
2 cucharaditas de sal.
Rocío vegetal, cantidad necesaria.
200 g de jamón cocido cortado en fetas.

¿TE TIENE QUE AYUDAR UN ADULTO?

Sí. Una vez terminado el pan, tiene que encargarse del horneado, retirado, desmolde y corte.

¿QUÉ TENÉS QUE HACER?

1) Procesá el tomate hasta que te quede en trozos pequeños, pero que no se hagan puré.

2) Colocá la carne picada en la ensaladera y agregale: el huevo (sin cáscara), la avena arrollada, el aceite, el polvo para hacer sopa crema de cebolla, el tomate, el comino en polvo, el queso rallado y la sal. Mezclá bien todo con la ayuda del tenedor.

3) Rociá el fondo y los costados del molde con el rocío vegetal y, después, tapizalos con las fetas de jamón, dejando que sobresalgan un poquito por los extremos.

Utensilios:
1 procesadora o 1 minipimer.
1 ensaladera.
1 tenedor.
1 molde largo para budín.
1 espátula.
Papel de aluminio, cantidad suficiente para tapar el molde

4) Pasá la mezcla de carne al molde tapizado con jamón tratando de que quede lo más pareja posible. Para eso, podés ayudarte con una espátula.

5) Tapá la parte superior del molde con papel de aluminio. Para eso, cortá una cantidad de papel de aluminio que sea más grande que la parte de arriba del molde, ponela allí y apretala por los bordes para que no salga.

6) Ahora, tu pan de carne está listo para cocinarse. Pedile a un adulto que lo cocine durante 40-50 minutos en horno moderado y, por supuesto, después también pedile que lo saque, lo desmolde y lo corte para servir.

Hamburguesas de pollo

¿QUÉ NECESITÁS?

Ingredientes (para 4-6 hamburguesas):
2 pechugas de pollo.
1 huevo.
2 cucharadas de avena arrollada (la podés reemplazar por igual cantidad de pan rallado).
1 cubito de saborizador de panceta y cebolla
2 cucharaditas de sal.

Utensilios:
1 procesadora o 1 minipimer.
1 ensaladera.
1 tenedor.
1 fuente.

¿TE TIENE QUE AYUDAR UN ADULTO?

Para hacer las hamburguesas, no. Para cocinarlas, sí.

¿QUÉ TENÉS QUE HACER?

1) Procesá las pechugas de pollo con el cubito saborizador.

2) Colocalas en la ensaladera y agregale: el huevo (sin cáscara), la avena arrollada o el pan rallado y la sal. Mezclá bien todo con el tenedor.

3) Cuando todo esté bien mezclado, agarrá un poco con la mano y hacé una bolita como si fueras a hacer una albóndiga. Luego, ponela en la palma de tu mano y con la otra, aplastala con mucho cuidado, hasta que te quede de una forma lo más parecida posible a una hamburguesa. Andá poniendo cada hamburguesa sobre la fuente y separadas unas de otras.

4) Una vez que las tengas todas hechas, pedile a un adulto que las cocine. Las puede hacer a la plancha o al horno, dándolas vuelta en mitad de la cocción.

Pollo con choclo

¿QUÉ NECESITÁS?

Ingredientes (para 1 porción):

1 pechuga de pollo ya cocinada (puede ser una que haya sobrado del último pollo que comieron).
1 sobrecito de sopa instantánea de crema de choclo.
1 cucharada de aceite mezcla, de maíz o de girasol.
1 lata de granos de choclo amarillo.

Utensilios:

1 taza.
1 tenedor.
1 plato hondo que pueda ir al horno a microondas (no puede ser de metal ni metalizado).

¿TE TIENE QUE AYUDAR UN ADULTO?

Sí. Tiene que haberte cocinado el pollo antes, cortarlo ahora en cubos y abrirte la lata.

¿QUÉ TENÉS QUE HACER?

1) Pedile a un adulto que corte el pollo en cubos y que abra la lata de choclo.

2) Llená ¾ de taza con agua tibia tirando a caliente, abrí el sobrecito de sopa instantánea y echalo adentro. Batí con el tenedor hasta que el polvo se disuelva totalmente y agregale el aceite.

3) Poné los cubos de pechuga de pollo en un extremo del plato, los granos de choclo en el otro y derramá sobre ellos la salsa que te quedó hecha en la taza. Después, volvé a acomodar tratando de que los ingredientes queden lo más parejos posible.

4) Cociná en el horno a microondas durante 3 minutos a la potencia máxima.

Fideos gratinados

¿QUÉ NECESITÁS?

Ingredientes (para 1 plato):
1 taza de los fideos secos que más te gusten.
½ pote chiquito de crema de leche.
1 cucharadita de sal.
5 cucharadas de queso rallado.

Utensilios:
1 recipiente con tapa.
1 colador grande.
1 plato hondo que pueda ir al horno a microondas (no puede ser de metal ni metalizado).
1 tenedor.

¿TE TIENE QUE AYUDAR UN ADULTO?
Sí. Tiene que hervirte los fideos.

¿QUÉ TENÉS QUE HACER?

1) Pedile a un adulto que te cocine y te cuele una taza de los fideos que más te gusten. Cuando estén fríos, metelos en el recipiente con tapa y guardalos en la heladera hasta que quieras usarlos.

2) Sacá los fideos de la heladera y llená el reipiente con agua caliente de la canilla para que se remojen. Dejalos unos 2-3 minutos, separalos cuidadosamente con los dedos si ves que algunos quedaron pegados, colalos y ponelos en el plato hondo.

3) Rocialos por encima con la crema de leche, la sal y, después, espolvorealos con el queso rallado. Mezclá con el tenedor para que la crema los impregne. Después, volvé a acomodar tratando de que quede lo más parejo posible.

4) Cocinalos en el horno a microondas durante 2 minutos a la potencia máxima.

Fideos napolitanos

¿QUÉ NECESITÁS?

Ingredientes (para 1 plato):
1 taza de los fideos secos que más te gusten.
1 cucharada de aceite mezcla, de maíz o de girasol.
4 cucharadas de queso en hebras de la variedad que más te guste (cuatro quesos, mozzarella, etc.).
1 tomate.
1 cucharadita de sal.

Utensilios:
1 recipiente con tapa.
1 colador grande.
1 plato hondo que pueda ir al horno a microondas (no puede ser de metal ni metalizado).
1 tenedor.

¿TE TIENE QUE AYUDAR UN ADULTO?
Sí. Tiene que hervirte los fideos y cortarte en rodajas los tomates.

¿QUÉ TENÉS QUE HACER?

1) Pedile a un adulto que te cocine y te cuele una taza de los fideos que más te gusten. Cuando estén fríos, metelos en el recipiente con tapa y guardalos en la heladera hasta que quieras usarlos. También pedile que te corte el tomate en varias rodajas finas

2) Sacá los fideos de la heladera y llená el recipiente con agua caliente de la canilla para que se remojen. Dejalos unos 2-3 minutos, separalos cuidadosamente con los dedos si ves que algunos quedaron pegados, colalos, ponelos en el plato hondo, agregales el aceite

y el queso en hebras, y revolvé con el tenedor para que el aceite los impregne y el queso quede entre ellos. Después, volvé a acomodar tratando de que quede lo más parejo posible.

3) Colocá las rodajas de tomate por encima de los fideos.

4) Espolvoreá con la sal y cocinalos en el horno a microondas durante 2 minutos a la potencia máxima. Si, cuando los sacás, el queso no se derritió lo suficiente, ponelos 1 minuto más.

Ravioles con salsa casera de tomates

¿QUÉ NECESITÁS?

Ingredientes (para 1 plato):
¾ de plancha de ravioles frescos de tu gusto preferido.
3 tomates maduros.
1 cucharadita de orégano seco.
2 cucharadas de aceite mezcla, de maíz o de girasol.
1 cucharadita de sal.
3 cucharadas de queso rallado.

Utensilios:
1 recipiente con tapa.
1 colador grande.
1 plato hondo que pueda ir al horno a microondas (no puede ser de metal ni metalizado).
1 tenedor.

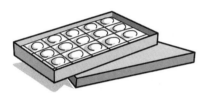   

¿TE TIENE QUE AYUDAR UN ADULTO?
Sí. Tiene que hervirte los ravioles.

¿QUÉ TENÉS QUE HACER?

1) Pedile a un adulto que te cocine y te cuele los ravioles. Cuando estén fríos, metelos en el recipiente con tapa y guardalos en la heladera hasta que quieras usarlos.

2) Sacá los ravioles de la heladera y llená el recipiente con agua caliente de la canilla para que se remojen. Dejalos unos 2-3 minutos, separalos cuidadosamente con los dedos si ves que algunos quedaron pegados, colalos y ponelos en el plato hondo.

3) Procesá los tomates, y agregales el orégano, el aceite y la sal.

4) Verté esa mezcla sobre los ravioles y revolvé con el tenedor para que se mezcle bien. Después, volvé a acomodar tratando de que quede lo más parejo posible y, por encima, espolvoreale el queso rallado.

5) Cocinalos en el horno a microondas durante 2 minutos a la potencia máxima. Si, al sacarlos, cortás un raviol con el tenedor y el relleno todavía está frío, ponelos 1 minuto más.

Ravioles con salsa rosa

¿QUÉ NECESITÁS?

Ingredientes (para 1 plato):
  ¾ de plancha de ravioles frescos de tu gusto preferido.
  ½ sachet de 340 g de alguna salsa de tomate que te guste
    (fileto, pomarola, etc.).
  4 cucharadas de crema de leche.
  4 cucharadas de queso rallado.
  1 cucharadita de sal.

Utensilios:
  1 recipiente con tapa.
  1 colador grande.
  1 plato hondo que pueda ir al horno a microondas (no
    puede ser de metal ni metalizado).
  1 tenedor.

¿TE TIENE QUE AYUDAR UN ADULTO?
  Sí. Tiene que hervirte los ravioles.

¿QUÉ TENÉS QUE HACER?

1) Pedile a un adulto que te cocine y te cuele los ravioles. Cuando estén fríos, metelos en el recipiente con tapa y guardalos en la heladera hasta que quieras usarlos.

2) Sacá los ravioles de la heladera y llená el recipiente con agua caliente de la canilla para que se remojen. Dejalos unos 2-3 minutos, separalos cuidadosamente con los dedos si ves que algunos quedaron pegados, colalos y ponelos en el plato hondo.

3) Rocialos por encima con la salsa de tomate, la crema de leche, la sal, y mezclalos con el tenedor para

que se impregnen de la salsa rosa. Después, volvé a acomodar tratando de que quede lo más parejo posible y espolvorealos con el queso rallado.

4) Cocinalos en el horno a microondas durante 2 minutos a la potencia máxima. Si, al sacarlos, cortás un raviol con el tenedor y el relleno todavía está frío, ponelos 1 minuto más.

Ravioles con crema y jamón

¿QUÉ NECESITÁS?

Ingredientes (para 1 plato):
- ¾ de plancha de ravioles frescos de tu gusto preferido.
- ½ pote chiquito de crema de leche.
- 100 g de jamón cocido (puede ser en un trozo o en fetas)
- 1 cucharadita de sal.
- 5 cucharadas de queso rallado.

Utensilios:
- 1 recipiente con tapa.
- 1 colador grande.
- 1 procesadora o 1 minipimer.
- 1 plato hondo que pueda ir al horno a microondas (no puede ser de metal ni metalizado).
- 1 tenedor.

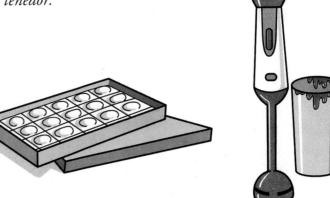

¿TE TIENE QUE AYUDAR UN ADULTO?

Sí. Tiene que hervirte los ravioles.

¿QUÉ TENÉS QUE HACER?

1) Pedile a un adulto que te cocine y te cuele los ravioles. Cuando estén fríos, metelos en el recipiente con tapa y guardalos en la heladera hasta que quieras usarlos.

2) Sacá los ravioles de la heladera y llená el recipiente con agua caliente de la canilla para que se remojen. Dejalos unos 2-3 minutos, separalos cuidadosamente con los dedos si ves que algunos quedaron pegados, colalos y ponelos en el plato hondo.

3) Procesá el jamón hasta que te quede picado.

4) Rociá los ravioles por encima con la crema de leche y la sal y mezclalos para que la crema los impregne. Volvé a acomodar tratando de que quede lo más parejo posible. Después, espolvorealos con el jamón.

5) Cocinalos en el horno a microondas durante 2 minutos a la potencia máxima. Si, al sacarlo, cortás un raviol con el tenedor y el relleno todavía está frío, ponelos 1 minuto más.

Canelones de carne

¿QUÉ NECESITÁS?

Ingredientes (para 6 canelones-2 porciones):
6 panqueques salados.
300 g de carne picada.
1 cucharada de polvo para hacer sopa crema de cebolla.
1 sachet de 340 g de alguna salsa de tomate que te guste (fileto, pomarola, etc.)
4 cucharadas de queso rallado.

¿TE TIENE QUE AYUDAR UN ADULTO?

Sí. Tiene que cocinar un poco la carne y después vos podés seguir solo.

¿QUÉ TENÉS QUE HACER?

1) Pedile a un adulto que te rehogue la carne hasta que se cocine. Seguro que sabe cómo hacerlo con una sartén y un poquito de aceite. Cuando la carne ya esté cocinada y se haya enfriado, podés empezar a cocinar vos.

2) Agregale el polvo para hacer sopa crema de cebolla y mezclá bien con el tenedor. Ahí tenés listo el relleno.

3) Andá armando tus canelones uno a uno. Poné sobre el plato un panqueque extendido, sobre él dos cucharadas del relleno y cerralo haciéndolo rodar para

Utensilios:
1 tenedor.
1 plato.
1 fuente que pueda ir al horno a microondas (no puede ser de metal ni metalizada).

que se arme un canelón. Apretalo un poquito para asegurarlo y ponelo sobre la fuente que va a ir al horno a microondas.

4) Hacé lo mismo con los otros 5 panqueques.

5) Cuando tengas todos los canelones armados y puestos en la fuente, abrí el paquete de salsa y derramalo entero sobre ellos, tratando de que quede lo más pareja posible. Después, espolvoreale el queso rallado.

6) Cocinalos en el horno a microondas durante 2 minutos a la potencia máxima. Si, al sacarlos, cortás un canelón con el tenedor y el relleno todavía está frío, ponelos 1 minuto más.

Canelones de salchicha

¿QUÉ NECESITÁS?

Ingredientes (para 6 canelones-2 porciones):
6 panqueques salados.
6 salchichas de viena.
1 sachet de 340 g de alguna salsa de tomate que te guste
*   (fileto, pomarola, etc.)*
4 cucharadas de queso rallado.

Utensilios:
1 plato.
1 fuente que pueda ir al horno a microondas (no puede ser
*   de metal ni metalizada).*

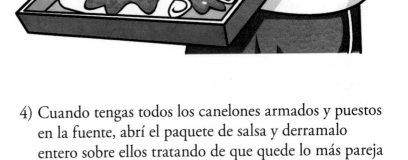

¿TE TIENE QUE AYUDAR UN ADULTO?
No. Los podés hacer vos solo.

¿QUÉ TENÉS QUE HACER?

1) Enjuagá las salchichas.

2) Andá armando tus canelones uno a uno. Poné sobre el plato un panqueque extendido, sobre él una salchicha y cerralo haciéndolo rodar para que se arme un canelón. Apretalo un poquito para asegurarlo y ponelo sobre la fuente que va a ir al horno a microondas.

3) Hacé lo mismo con los otros 5 panqueques.

4) Cuando tengas todos los canelones armados y puestos en la fuente, abrí el paquete de salsa y derramalo entero sobre ellos tratando de que quede lo más pareja posible. Después, espolvoreale el queso rallado.

5) Cocinalos en el horno a microondas durante 2 minutos a la potencia máxima. Si, al sacarlos, cortás un canelón con el tenedor y el relleno todavía está frío, ponelos 1 minuto más.

Canelones de ricota y calabacita

¿QUÉ NECESITÁS?

Ingredientes (para 6 canelones-2 porciones):
- *1 calabacita chiquita.*
- *6 cucharadas de ricota.*
- *1 huevo.*
- *2 cucharaditas de sal.*
- *6 panqueques salados.*
- *1 sachet de 340 g de alguna salsa de tomate que te guste (fileto, pomarola, etc.)*
- *4 cucharadas de queso rallado.*

Utensilios:
- *1 ensaladera.*
- *1 tenedor.*
- *1 plato.*
- *1 cuchara.*
- *1 fuente que pueda ir al horno a microondas (no puede ser de metal ni metalizada).*

¿TE TIENE QUE AYUDAR UN ADULTO?
Sí. Tiene que cocinarte la calabacita.

¿QUÉ TENÉS QUE HACER?

1) Pedile a un adulto que limpie, pele, hierva y cuele la calabacita. Seguro que ella sabe cómo hacerlo. Cuando la calabacita ya no suelte líquido y se haya enfriado, podés empezar a cocinar vos.

2) Poné la calabacita en la ensaladera y pisala bien con el tenedor hasta que te quede un puré. Agregale: el huevo (sin cáscara), la ricota y la sal. Mezclá bien todo con el tenedor, hasta que te quede una preparación pareja.

3) Andá armando tus canelones uno a uno. Poné sobre el plato un panqueque extendido, y sobre él y con la cuchara, añadile un poco de la mezcla de calabacita y ricota. Cerralo haciéndolo rodar para que se arme un

canelón. Apretalo un poquito para asegurarlo y ponelo sobre la fuente que va a ir al horno a microondas.

4) Hacé lo mismo con los otros 5 panqueques.

5) Cuando tengas todos los canelones armados y puestos en la fuente, abrí el paquete de salsa y derramalo entero sobre ellos tratando de que quede lo más pareja posible. Después, espolvoreale el queso rallado.

6) Cocinalos en el horno a microondas durante 2 minutos a la potencia máxima. Si, al sacarlos, cortás un canelón con el tenedor y el relleno todavía está frío, ponelos 1 minuto más.

Canelones de jamón y queso

¿QUÉ NECESITÁS?

Ingredientes (para 6 canelones-2 porciones):
- *6 panqueques salados.*
- *12 fetas de jamón cocido.*
- *6 fetas de queso de máquina*
- *1 sachet de 340 g de alguna salsa de tomate que te guste (fileto, pomarola, etc.)*
- *4 cucharadas de queso rallado.*

Utensilios:
- *1 plato.*
- *1 fuente que pueda ir al horno a microondas (no puede ser de metal ni metalizada).*

¿TE TIENE QUE AYUDAR UN ADULTO?

No. Los podés hacer vos solo.

¿QUÉ TENÉS QUE HACER?

1) Andá armando tus canelones uno a uno. Poné sobre el plato un panqueque extendido, sobre él dos fetas de jamón y una de queso y cerralo haciéndolo rodar para que se arme un canelón. Apretalo un poquito para asegurarlo y ponelo sobre la fuente que va a ir al horno a microondas.

2) Hacé lo mismo con los otros 5 panqueques.

3) Cuando tengas todos los canelones armados y puestos en la fuente, abrí el paquete de salsa y derramalo entero sobre ellos tratando de que quede lo más pareja posible. Después, espolvoreale el queso rallado.

4) Cocinalos en el horno a microondas durante 2 minutos a la potencia máxima. Si, al sacarlo, cortás un canelón con el tenedor y el relleno todavía está frío, ponelos 1 minuto más.

Papas parmesanas

¿QUÉ NECESITÁS?

Ingredientes (para 2 porciones):
½ k de papas.
1 cucharada de aceite mezcla, de maíz o girasol.
1 paquete chico de queso rallado.

Utensilios:
1 fuente que pueda ir al horno a microondas (no puede ser de metal ni metalizada).

¿TE TIENE QUE AYUDAR UN ADULTO?
Sí. Tiene que cocinarte las papas.

¿QUÉ TENÉS QUE HACER?

1) Pedile a un adulto que te pele, te corte, te hierva y te cuele las papas. Seguro que sabe bien cómo hacerlo.

2) Cuando estén frías ponelas en la fuente, agregales el aceite y revolvelas bien (podés usar las manos) para que este las impregne. Después, volvelas a acomodar tratando de que queden lo más parejas posible.

3) Abrí el paquete de queso rallado y espolvorealo por encima de las papas.

4) Cocinalas en el horno a microondas durante 2 minutos a la potencia máxima.

Papas rellenas

¿QUÉ NECESITÁS?

Ingredientes (para 2 porciones):
  2 papas blancas medianas-grandes.
  6 cucharadas de queso en hebras de la variedad que más te guste (cuatro quesos, mozzarella, etc.)
  1 huevo.
  1 cucharadita de sal.
  1 cucharada de aceite mezcla, de maíz o de girasol.
  Rocío vegetal, cantidad necesaria.

Utensilios:
  1 cucharita.
  1 fuente que pueda ir al horno a microondas (no puede ser de metal ni metalizada).
  1 taza.
  1 tenedor.
  1 cuchara.

¿TE TIENE QUE AYUDAR UN ADULTO?

Sí. Tiene que cocinarte las papas y, después, partirlas al medio.

¿QUÉ TENÉS QUE HACER?

1) Pedile a un adulto que (sin quitarles la cáscara y solamente lavándolas hasta que esta quede bien limpia) te cocine las papas enteras. Puede hervirlas, ponerlas en la olla a presión o, si ese día hacen asado, colocarlas sobre las brasas.

2) Cuando las papas estén cocinadas y se hayan enfriado, pedile también que las corte al medio y longitudinalmente, de forma tal que te queden 4 mitades. Ahora, ya podés seguir solo.

3) Agarrá la cucharita y, con ella, andá haciendo un hueco en el medio de la parte cortada de cada una de las papas, de forma tal que la puedas "sentar" con el hueco para arriba. Vas a tener que pasar la cucharita varias veces para que le quede un hoyo bastante grande, pero vas a tener que hacerlo con mucho cuidado para que la papa no se te rompa ni traspases ninguno de sus lados para que no se te escape el relleno.

4) Ponelas en la fuente con el hueco hacia arriba y espolvorealas con la sal. Lo que te sobró podés guardarlo para agregar a algún puré o un relleno.

5) Partí el huevo, pone su contenido junto con el aceite en la taza y batilo con el tenedor hasta obtener una mezcla pareja. Poné un poco de la mezcla en cada hueco de las papas ayudándote con la cuchara.

6) Rellená lo que queda del hueco con las hebras de queso y cocinalas en el horno a microondas durante 2 minutos a la potencia máxima. Si, al sacarlas, ves que el huevo todavía no se cocinó del todo y está un poco líquido, ponelas 1 minuto más.

Ensalada de arroz y arvejas

¿QUÉ NECESITÁS?

Ingredientes (para 1 plato):
1 taza de arroz.
1 lata de arvejas.
Mayonesa, a gusto
1 cucharadita de sal.

Utensilios:
1 recipiente con tapa.
1 colador.
1 ensaladera.
1 tenedor.

¿TE TIENE QUE AYUDAR UN ADULTO?

Sí. Tiene que hervir y colar el arroz, y abrir la lata de arvejas.

¿QUÉ TENÉS QUE HACER?

1) Pedile a un adulto que te cocine y te cuele el arroz. Cuando esté frío, metelo en un recipiente con tapa y guardalo en la heladera hasta que quieras usarlo. Pedile también que te abra la lata de arvejas.

2) Volcá las arvejas en el colador, poné a este debajo de la canilla y enjuagalas un par de segundos. Si ves que hay alguna negra o muy oscura, retirala.

3) Sacá el arroz de la heladera y luego del recipiente, y ponelo en la ensaladera. Si ves que algunos granos están pegados, separalos con la mano hasta que queden sueltos.

4) Agregale las arvejas, la cantidad de mayonesa que quieras y la sal. Revolvé todo con un tenedor hasta que se mezcle bien.

Arroz con huevo

¿QUÉ NECESITÁS?

Ingredientes (para 1 plato):
1 taza de arroz.
1 huevo.
1 cucharada de aceite mezcla, de maíz o de girasol.
1 cucharadita de sal.

Utensilios:
1 recipiente con tapa.
1 ensaladera.
1 batidor o 1 tenedor.
*1 plato que pueda ir al horno a microondas (no puede ser
de metal ni metalizado).*

¿TE TIENE QUE AYUDAR UN ADULTO?
Sí. Tiene que hervirte y colarte el arroz.

¿QUÉ TENÉS QUE HACER?

1) Pedile a un adulto que te cocine y te cuele el arroz.
Cuando esté frío, metelo en un recipiente con tapa y
guardalo en la heladera hasta que quieras usarlo.

2) Partí el huevo y poné su contenido en la ensaladera.
Agregale la sal, el aceite y batilo bien, con el batidor o
el tenedor

3) Sacá el arroz de la heladera y llená el recipiente con
agua caliente de la canilla para que se remoje. Dejalo
unos 2-3 minutos. Si ves que algunos granos están

pegados, separalos con la mano hasta que queden
sueltos. Colalo y ponelo en el plato.

4) Derramale por encima el huevo batido, mezclá bien
con el batidor o el tenedor para que el huevo impregne
el arroz y cocinalo en el horno a microondas durante
2 minutos a la potencia máxima. Si, al sacarlo, ves que
el huevo todavía no se cocinó del todo y está un poco
líquido, ponelo 1 minuto más.

Colchón de arvejas

¿QUÉ NECESITÁS?

Ingredientes (para 1 porción):
1 lata de arvejas.
2 huevos.
1 cucharada de aceite mezcla, de maíz o de girasol.
4 cucharadas de queso en hebras de la variedad que más te guste (cuatro quesos, mozzarella, etc.).
1 cucharadita de sal.

Utensilios:
1 colador.
1 ensaladera.
1 taza.
1 tenedor
1 plato hondo que pueda ir al horno a microondas (no puede ser de metal ni metalizado).

 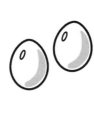 

¿TE TIENE QUE AYUDAR UN ADULTO?
Sí. Tiene que abrirte la lata de arvejas.

¿QUÉ TENÉS QUE HACER?

1) Pedile a un adulto que te abra la lata de arvejas, volcalas en el colador, poné el colador debajo de la canilla y enjuagalas un par de segundos. Si ves que hay alguna negra o muy oscura, retirala. Ponelas en la ensaladera.

2) Partí el huevo en la taza, derramá su contenido y batilo con la sal y el aceite utilizando el tenedor. Agregalo a las arvejas y mezclá bien. Pasalo al plato hondo.

3) Cocinalo en el horno a microondas durante 1 minuto a la potencia máxima. Si, al sacarlo, ves que el huevo todavía no se cocinó del todo y está un poco líquido, ponelo 1 minuto más.

4) Sin retirarlo del horno y con mucho cuidado, espolvoreale por encima las hebras de queso y volvé a cocinar por 1 minuto más.

Espinacas con huevo

¿QUÉ NECESITÁS?

Ingredientes (para 2 porciones)
1 paquete de 400 g de espinaca congelada.
3 huevos.
2 cucharadas de queso rallado.
1 cucharadita de sal.
1 cucharada de aceite mezcla, de maíz o de girasol

Utensilios:
1 procesadora o 1 minipimer.
1 ensaladera.
1 colador.
1 plato hondo.

¿TE TIENE QUE AYUDAR UN ADULTO?
No. La podés hacer vos solo.

¿QUÉ TENÉS QUE HACER?

1) Poné las espinacas en la ensaladera y remojalas en agua caliente de la canilla durante 5 minutos. Colalas, apretalas bien para que larguen la mayor cantidad de líquido posible y, con las manos, rompelas en pequeños trozos.

2) Procesalas junto con el contenido de los huevos, la sal, el aceite y el queso rallado.

3) Verté la preparación en el planto hondo y cocinalas en el horno a microondas durante 2 minutos a la potencia máxima. Si, al sacarlas, ves que el huevo todavía no se cocinó del todo y está un poco líquido, ponelas 1 minuto más.

Postres, dulces y licuados

Triffle de chocolate y banana

¿QUÉ NECESITÁS?

Ingredientes (para 4 triffles):
½ k de helado de chocolate.
4 bananas grandes y maduras.
100 g de chips de chocolate.
4 cucharadas de dulce de leche.
4 obleas.

Utensilios:
1 tenedor o 1 minipimer.
1 plato hondo.
1 cuchara.
4 vasos o copas bajas de plástico transparente.

¿TE TIENE QUE AYUDAR UN ADULTO?
No. Las podés hacer vos solo.

¿QUÉ TENÉS QUE HACER?

1) Pelá las bananas, colocalas en el plato hondo y, con el tenedor, pisalas hasta que se hagan puré. Agregales el dulce de leche y mezclá bien. Si tenés minipimer, podés procesar las bananas y el dulce de leche juntos hasta obtener una mezcla pareja.

2) Con la cuchara, poné un poco de esa mezcla en el fondo de cada copa y agregale la mitad de los chips de chocolate.

3) Sacá el helado del freezer y poné por encima 2 o 3 cucharadas de helado en cada copa y, al final, agregale el resto de los chips de chocolate.

4) Serví de inmediato decorando con una oblea en cada copa o guardá en el freezer hasta el momento de servir.

Postre helado de frutos rojos

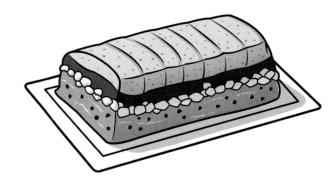

¿QUÉ NECESITÁS?

Ingredientes (para un postre de 8 porciones):
- *6-10 vainillas.*
- *½ taza de leche chocolatada.*
- *1 pote chico de dulce de leche.*
- *3 merengues grandes.*
- *½ k de helado de cerezas o de frutos del bosque.*

Utensilios:
- *1 molde largo para budín.*
- *Papel film, cantidad suficiente para forrar el molde por dentro.*
- *1 taza.*
- *1 cuchara.*
- *1 espátula.*

¿TE TIENE QUE AYUDAR UN ADULTO?

Para hacerlo no. Para cortarlo y servirlo sí, porque queda muy duro.

¿QUÉ TENÉS QUE HACER?

1) Forrá con papel film y por dentro el molde. Te tiene que quedar cubierto todo el interior y sobrar un poco de afuera para que lo puedas desmoldar de manera cómoda.

2) Poné las vainillas en el fondo de forma tal que lo cubran todo. Si se rompen, no importa. Usando la cuchara, bañalas con la leche chocolatada, sin que lleguen a empaparse. Se tienen que ver bien las formas de las vainillas.

3) Cubrí las vainillas con el dulce de leche y distribuilo con la espátula para que quede lo más parejo posible.

4) Rompé los merengues en pedacitos bien chiquitos y distribuilos por sobre el dulce de leche de la forma más pareja posible.

5) Poné el helado encima y distribuilo bien parejo con la espátula.

6) Ponelo en el freezer por un mínimo de 10 horas para que quede bien congelado.

7) Cuando pase ese tiempo, sacalo del freezer, dalo vuelta sobre una fuente, mové un poco el molde y retiralo. Después, sacale el papel film

8) Pedile a un adulto que lo corte en rodajas y lo sirva.

Triffle de tutti frutti

¿QUÉ NECESITÁS?

Ingredientes (para 4 triffles):
1 lata grande de ensalada de frutas.
1 pote de yogur de frutilla.
1 pote de yogur de durazno.
1 aerosol de crema chantilly (puede estar empezado).
4 obleas.

Utensilios:
1 ensaladera.
1 cuchara.
4 vasos o 4 copas bajas de plástico transparente.

¿TE TIENE QUE AYUDAR UN ADULTO?
Sí. Tiene que abrir la lata de ensalada de frutas.

¿QUÉ TENÉS QUE HACER?

1) Pedile a un adulto que te abra la lata de frutas y pasá su contenido (con líquido incluido) a una ensaladera.

2) Abrí los potes de yogur y ponelos junto con la ensaladera llena de ensalada de frutas.

3) Instalate con los 4 vasos o copas frente a vos y la cuchara en la mano, y poné 2 cucharadas de ensalada de fruta en cada uno de los vasos o copas.

4) Usando la cuchara, distribuí en los 4 vasos o copas el yogur de frutilla por encima, de forma tal que quede otra capa sobre la de ensalada de frutas.

5) Luego, poné por encima otras 2 cucharadas de ensalada de frutas y hacé con el yogur de durazno, lo mismo que hiciste con el de frutilla.

6) Distribuí en los 4 vasos o copas lo que te queda de ensalada de frutas (siempre cuidando de que forme otra capa por encima del yogur de durazno).

7) Terminá cada copa o vaso con un copete de crema chantilly y una oblea metida dentro del copete.

Banana con miel y nueces

¿QUÉ NECESITÁS?

Ingredientes (para 1 porción):
1 banana grande o 2 chicas bien maduras.
2 cucharadas de miel.
1 cucharada de nueces peladas y picadas.

Utensilios:
1 plato hondo.
1 tenedor.

¿TE TIENE QUE AYUDAR UN ADULTO?

No. La podés hacer vos solo.

¿QUÉ TENÉS QUE HACER?

1) Pelá las bananas y, con el tenedor, pisalas hasta obtener un puré parejo.

2) Agregale la miel y mezclá con el tenedor. Espolvoreale las nueces.

Panqueques a la frutilla

¿QUÉ NECESITÁS?

Ingredientes (para 2 porciones de 2 panqueques):
4 panqueques dulces.
8 cucharadas de mermelada de frutilla.
4 frutillas.
Un poquito de azúcar impalpable.

Utensilios:
1 plato.
1 cuchara.
1 fuente.

¿TE TIENE QUE AYUDAR UN ADULTO?
No. Los podés hacer vos solo.

¿QUÉ TENÉS QUE HACER?

1) Lavá bien las frutillas y sacales el cabito.

2) Andá preparando los panqueques uno a uno. Poné sobre el plato un panqueque extendido, sobre él 2 cucharadas de mermelada de frutilla, desparramala con la cuchara por todo el panqueque y cerralo haciéndolo rodar 1 vez. Ponelo sobre la fuente.

3) Hacé lo mismo con los otros 3 panqueques.

4) Espolvorealos con el azúcar impalpable y decoralos con una frutilla arriba de cada uno.

Panqueques con dulce de batata y salsa de chocolate

¿QUÉ NECESITÁS?

Ingredientes (para 2 porciones de 2 panqueques):
   4 panqueques dulces.
   150 g de dulce de batata.
   2 cucharadas de agua.
   1 salsa de chocolate en envase con pico vertedor (puede
      estar empezada)
   Un poquito de azúcar impalpable.

Utensilios:
   1 ensaladera o 1 compotera grande.
   1 tenedor.
   1 plato.
   1 cuchara.
   1 fuente.

¿TE TIENE QUE AYUDAR UN ADULTO?
   No. Los podés hacer vos solo.

¿QUÉ TENÉS QUE HACER?

1) Poné el dulce de batata en la ensaladera o la compotera grande, agregale el agua y pisalo bien con el tenedor hasta que se te forme una especie de mermelada espesa. Si ves que todavía te queda muy dura, agregale un poquito más de agua pero tené cuidado de no pasarte. Tiene que quedarte una preparación espesa.

2) Andá preparando los panqueques uno a uno. Poné sobre el plato un panqueque extendido, sobre él una buena cantidad de dulce de batata, desparramalo con la cuchara por todo el panqueque y cerralo haciéndolo rodar 1 vez. Ponelo sobre la fuente.

3) Hacé lo mismo con los otros 3 panqueques.

4) Espolvorealos con el azúcar impalpable y haceles un dibujito con la salsa de chocolate.

Panqueques con helado

¿QUÉ NECESITÁS?

Ingredientes (para 2 porciones de 2 panqueques):
4 panqueques dulces.
¼ k de helado de durazno o naranja.
1 naranja.
4 cucharadas de miel.

Utensilios:
1 exprimidor.
1 plato grande o 1 fuente chica.
1 cuchara.

¿TE TIENE QUE AYUDAR UN ADULTO?

Sí, tiene que cortarte la naranja al medio para que puedas hacer el jugo.

¿QUÉ TENÉS QUE HACER?

1) Pedile a un adulto que te corte la naranja al medio y, usando el exprimidor, hacé el jugo de naranja.

2) Doblá cada uno de los panqueques al medio y, luego, volvelos a doblar, de forma tal que te queden 4 triángulos. Ponelos sobre el plato grande y rocialos con el jugo de naranja.

3) Ayudándote con la cuchara, distribuí todo el helado sobre los panqueques húmedos.

4) Rociá el helado con la miel y servilo rápido antes de que se derrita.

Postrecitos de banana

¿QUÉ NECESITÁS?

Ingredientes (para 4 porciones):
   1 pote chico de queso crema.
   4 bananas grandes bien maduras.
   4 cucharadas de miel.
   1 limón chiquito.

Utensilios:
   1 exprimidor.
   1 procesadora o 1 minipimer.
   1 cuchara.
   4 vasos o copas bajas de plástico transparente.

¿TE TIENE QUE AYUDAR UN ADULTO?

   Sí. Tiene que cortarte el limón al medio para que puedas hacer el jugo.

¿QUÉ TENÉS QUE HACER?

1) Pedile a un adulto que te corte el limón al medio y, con el exprimidor, exprimile el jugo.

2) Ponelo en la procesadora junto con el resto de los ingredientes y procesalos hasta obtener una preparación pareja.

3) Con la ayuda de una cuchara distribuí en los 4 vasos o copas, y refrigerá hasta el momento de servir. Si querés que te quede casi helado, ponelos 2 horas en el freezer.

Chocotorta

¿QUÉ NECESITÁS?

Ingrediente (para 1 torta):
½ k de galletitas de chocolate rectangulares y sin relleno.
1 pote chico de queso crema.
1 pote chico de dulce de leche.
1 taza de leche chocolatada.
100 g de chips de chocolate.

Utensilios:
1 ensaladera.
1 tenedor o 1 minipimer.
1 taza.
1 fuente.
1 pincel.

¿TE TIENE QUE AYUDAR UN ADULTO?
No. La podés hacer vos solo.

¿QUÉ TENÉS QUE HACER?

1) Poné el dulce de leche y el queso crema en la ensaladera y mezclalos bien, usando el tenedor o la minipimer.

2) Colocá una capa de galletitas sobre la fuente y humedecelas con la leche chocolatada, usando el pincel. Luego, untalas con una capa generosa de la mezcla de queso crema y dulce de leche.

3) Poné otra capa de galletitas encima, humedecelas con la leche chocolatada y untala con más mezcla de queso crema y dulce de leche.

4) Seguí haciendo lo mismo hasta colocar todas las galletitas.

5) Cuando las termines, apretá la preparación de arriba hacia abajo, para que se compacte, pero teniendo cuidado de que no se rompa o no pierda la forma. O sea: apretá fuerte, pero no de golpe.

6) Por último, cubrí la torta con el resto de la mezcla de dulce de leche y crema, y decorala por arriba con los chips de chocolate.

7) Guardala 2 horas en el freezer y, después, en la heladera.

Chocotorta blanca

¿QUÉ NECESITÁS?

Ingredientes (para una torta):
- ½ k de galletitas de vainilla rectangulares y sin relleno.
- 1 pote chico de queso crema.
- 1 pote chico de leche condensada.
- 1 taza de leche.
- 100 g de chips de chocolate blanco.
- 1 pocillo de nueces picadas.

Utensilios:
- 1 ensaladera.
- 1 tenedor o 1 minipimer.
- 1 taza.
- 1 fuente.
- 1 pincel.

¿TE TIENE QUE AYUDAR UN ADULTO?

No. La podés hacer vos solo.

¿QUÉ TENÉS QUE HACER?

1) Poné la leche condensada y el queso crema en la ensaladera y mezclalos bien, usando el tenedor o la minipimer.

2) Colocá una capa de galletitas sobre la fuente y humedecelas con la leche, usando el pincel. Luego, untalas con una capa generosa de la mezcla de queso crema y leche condensada.

3) Poné otra capa de galletitas encima, humedecelas con la leche y untala con más mezcla de queso crema y leche condensada.

4) Seguí haciendo lo mismo hasta colocar todas las galletitas.

5) Cuando las termines, apretá la preparación de arriba hacia abajo, para que se compacte, pero teniendo cuidado de que no se rompa o no pierda la forma. O sea: apretá fuerte, pero no de golpe.

6) Por último, cubrí la torta con el resto de la mezcla de queso crema y leche condensada, y decorala por arriba con los chips de chocolate blanco y las nueces picadas.

7) Guardala 2 horas en el freezer y, después, en la heladera.

Pionono colorido de dulce de leche

¿QUÉ NECESITÁS?

Ingredientes (para un pionono):
1 pionono.
1 pote chico de dulce de leche (preferentemente, de tipo repostero).
Grana de colores para decorar.

Utensilios:
1 plato grande o 1 fuente.
1 espátula.

¿TE TIENE QUE AYUDAR UN ADULTO?

Sí. Sería bueno que un adulto corte las rodajas, para que queden parejas y vos no corras peligro de lastimarte.

¿QUÉ TENÉS QUE HACER?

1) Abrí el paquete o bolsa donde venga el pionono y, con mucho cuidado para que no se rompa, desenrollalo y ponelo sobre el plato o fuente que vas a usar para servirlo. Vas a ver que en la parte interna tiene otro papel: sacáselo también con mucho cuidado. Te tiene que quedar la parte más clara arriba y la más oscura, debajo.

2) Con la espátula, andá pasándole dulce de leche sobre la parte clara hasta cubrirla toda, tratando de que quede lo más pareja posible. Ponele mucho, pero no demasiado, o te va a resultar muy difícil cerrarlo.

3) Cuando tengas toda la superficie cubierta de dulce de leche, agarralo cuidadosamente de uno de los extremos y andá enrollándolo, también con mucho cuidado, hasta cerrarlo totalmente. Apretalo un poquito desde arriba.

4) Ponelo en la heladera unas 4 o 5 horas para que quede firme.

5) Para servirlo, pedile a un adulto que lo corte en rodajas, dejá las rodajas en la misma fuente y espolvorealo con la grana de colores.

Tarta de manzana

¿QUÉ NECESITÁS?

Ingredientes (para 1 tarta de 8 porciones):
   3 manzanas verdes grandes.
   5 cucharadas de harina.
   2 cucharaditas de canela.
   8 cucharadas de azúcar.
   1 tapa para tarta.
   Rocío vegetal, cantidad necesaria.

Utensilios:
   1 pizzera o 1 tartera.
   1 procesadora o 1 minipimer.
   1 ensaladera.
   1 tenedor.

¿TE TIENE QUE AYUDAR UN ADULTO?

Sí. Tiene que ayudarte al principio con las manzanas y hornear la tarta cuando esté lista.

¿QUÉ TENÉS QUE HACER?

1) Pedile a un adulto que (sin pelarlas) te corte las manzanas en cuartos, y les saque el cabito, el corazón y las semillas.

2) Mientras tanto, rociá el fondo y los costados de la pizzera o tartera con el rocío vegetal.

3) Abrí el paquete de tapas para tarta y, con mucho cuidado porque son muy frágiles, separá una de la otra (vienen 2 por paquete). Con una de ellas, forrá la pizzera o tartera, de manera tal que te quede cubierto el piso y parte de los costados. Poné la otra tapa en el paquete en el que venía para usarla en otra preparación y guardaro bien cerrado en la heladera.

4) Procesá las manzanas (hasta obtener trozos chiquitos pero sin que se te haga un puré) y pasalas a la ensaladera. Agregales la harina, la canela y el azúcar, y revolvé bien con el tenedor, para que impregnen todos los pedacitos de manzana.

5) Cuando la mezcla te quede bastante pareja, ponela en la tapa tratando de que también quede lo más pareja posible, o sea, un poquito en cada lado (el centro y los costados).

6) Ahora, la tarta ya está lista para ir al horno. Avisale a un adulto y pedile que la hornee hasta que la masa quede dorada, lo que tardará más o menos entre 30 y 45 minutos.

7) Cuando vea que los bordes de la tarta ya están bien cocidos y dorados, la puede sacar y la pueden comer caliente, tibia o fría.

Brownies sin horno

¿QUÉ NECESITÁS?

Ingredientes (para 6-10 brownies):
  2 tazas de nueces peladas.
  3 tazas de ciruelas secas sin carozo.
  1 taza de cacao en polvo.
  1 taza de miel.
  1 taza de almendras peladas.
  4 cucharadas de manteca.

Utensilios:
  1 procesadora o 1 minipimer
  1 fuente grande y rectangular o 1 placa para horno.
  1 espátula.
  Papel film, cantidad suficiente para forrar la fuente o la placa para horno.

¿TE TIENE QUE AYUDAR UN ADULTO?
  No. Los podés hacer vos solo.

¿QUÉ TENÉS QUE HACER?

1) Procesá todos los ingredientes hasta obtener una pasta pareja.

2) Forrá la placa para horno o la fuente con el papel film y distribuí la pasta allí. Ayudate con una espátula para que quede lo más pareja posible.

3) Llevala a la heladera por un mínimo de 4 horas o más, hasta que quede bien firme.

4) Cortá en cuadrados y serví.

Casi medialunas con miel

¿QUÉ NECESITÁS?

Ingredientes (para 1 docena):
12 tapas de empanadas.
1 taza de miel líquida.
Rocío vegetal, cantidad necesaria.

Utensilios:
1 taza.
1 plato.
1 pincel.
1 pizzera grande o 1 placa para horno.

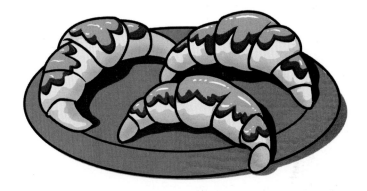

¿TE TIENE QUE AYUDAR UN ADULTO?
Sí. Tiene que hornearlas cuando estén listas.

¿QUÉ TENÉS QUE HACER?
1) Llená la taza con miel y, por otro lado, rociá el fondo de la pizzera o placa para horno con abundante rocío vegetal.

2) Retirá del paquete 1 tapa para empanada, colocala sobre el plato y pincelala con abundante miel. Envolvela sobre sí misma haciéndola rodar y, cuando se haya hecho un arrolladito, agarralo de ambas puntas y doblalas hacia dentro para que te quede con forma de medialuna. Colocala sobre la pizzera o placa.

3) Hacé lo mismo con las restantes 11 tapas de empanada y, cuando las tengas a todas en la pizzera o placa, volvé a pincelarlas por arriba con abundante miel.

4) Avisale a mamá que ya están listas y pedile que las hornee hasta que queden doradas, lo que tardará más o menos entre 20 y 30 minutos.

Empanadas de dulce de batata con chocolate

¿QUÉ NECESITÁS?

Ingredientes (para 1 docena):
12 tapas de empanadas.
½ k de dulce de batata con chocolate
1 pocillo de agua tibia.
1 pocillo de agua fría.
Rocío vegetal, cantidad necesaria.

Utensilios:
2 pocillos.
1 pizzera o 1 tartera.
1 ensaladera.
1 tenedor.
1 plato.
1 cuchara.

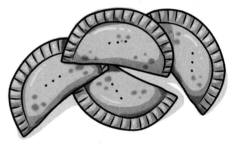

¿TE TIENE QUE AYUDAR UN ADULTO?

Sí. Tiene que hornear las empanadas cuando estén listas.

¿QUÉ TENÉS QUE HACER?

1) Rociá el fondo de la pizzera o tartera con el rocío vegetal.

2) Poné el dulce de batata con chocolate en la ensaladera, agregale el pocillo de agua tibia y pisalo bien con el tenedor hasta obtener una especie de mermelada espesa. Si ves que todavía te queda muy duro, agregale un poquito más de agua pero tené cuidado de no pasarte. Tiene que quedarte una preparación espesa.

3) Colocá una tapa de empanada sobre el plato y ponele por encima 2 cucharadas de dulce de batata con chocolate. Mojate el dedo índice en el agua del pocillo de agua fría, humedecé el borde de la tapa de empanada y después cerrala. Con el tenedor, apretá los bordes y pinchala dos veces por arriba, para que pueda escaparse el aire mientras se hornea y no corra el riesgo de reventarse. Acomodala sobre la pizzera o tartera y hacé lo mismo con el resto de las tapas.

4) Avisale a un adulto y pedile que las hornee hasta que la masa quede dorada, lo que tardará más o menos entre 20 y 30 minutos.

5) Cuando vea que las empanadas ya están doradas, las puede sacar y las pueden comer calientes, tibias o frías.

Espuma de melón y naranja

¿QUÉ NECESITÁS?

Ingredientes (para 4 vasos):
½ melón.
1 vaso de jugo de naranja, de paquete o botella.
1 pote de yogur de durazno.
4 cubitos de hielo.
4 cucharadas de miel.

Utensilios:
1 licuadora.
4 vasos altos o 4 copas de plástico transparente.
4 sorbetes

¿TE TIENE QUE AYUDAR UN ADULTO?
Sí. Tiene que limpiar, pelar y cortar el melón.

¿QUÉ TENÉS QUE HACER?
1) Pedile a un adulto que le retire las semillas al melón, lo corte en rodajas, lo pele y lo vuelva a cortar en cubos.

2) Licuá esos cubos con el resto de los ingredientes hasta obtener una preparación pareja y espumosa.

3) Serví de inmediato (para que no se enfríe ni se baje la espuma) en los vasos altos o copas y colocale un sorbete a cada uno.

Milkshake clásico

¿QUÉ NECESITÁS?

Ingredientes (para 4 vasos):
2 tazas de leche bien fría.
¼ k de helado de crema americana o de vainilla.
2 cucharadas de cacao en polvo.

Utensilios:
1 licuadora.
4 vasos altos o 4 copas de plástico.
4 sorbetes.

¿TE TIENE QUE AYUDAR UN ADULTO?
No. Lo podés hacer vos solo.

¿QUÉ TENÉS QUE HACER?
1) Licuá todos los ingredientes hasta obtener una preparación pareja y espumosa.

2) Serví de inmediato (para que no se enfríe ni se baje la espuma) en los vasos altos o copas y colocale un sorbete a cada uno.

Leche merengada

¿QUÉ NECESITÁS?

Ingredientes (para 4 vasos):
  2 tazas de leche bien fría.
  6 cucharadas de leche condensada.
  6 cucharadas de miel.
  4 cubitos de hielo.
  1 cucharadita de canela en polvo.
  1 cucharadita de ralladura de limón.

Utensilios:
  1 licuadora.
  4 vasos altos o 4 copas de plástico.
  4 sorbetes.

¿TE TIENE QUE AYUDAR UN ADULTO?

Sí. Tiene que rallarte la parte amarilla de la cáscara de limón para obtener la ralladura.

¿QUÉ TENÉS QUE HACER?

1) Licuá todos los ingredientes hasta obtener una preparación pareja y espumosa.

2) Serví de inmediato (para que no se enfríe ni se baje la espuma) en los vasos altos o copas y colocale un sorbete a cada uno.

Licuado de yogur y frutillas

¿QUÉ NECESITÁS?

Ingredientes (para 4 vasos):
- *1 pote de yogur de frutilla.*
- *1 vaso de leche bien fría.*
- *1 taza de frutillas.*
- *2 cubitos de hielo.*
- *4 cucharadas de azúcar o de miel.*

Utensilios:
- *1 licuadora.*
- *4 vasos altos o 4 copas de plástico.*
- *4 sorbetes.*

¿TE TIENE QUE AYUDAR UN ADULTO?

No. Lo podés hacer vos solo.

¿QUÉ TENÉS QUE HACER?

1) Sacale el cabito a las frutillas y lavalas bien.

2) Licuá todos los ingredientes hasta obtener una preparación pareja.

3) Serví de inmediato (para que no se enfríe) en los vasos altos o copas y colocale un sorbete a cada uno.

Milkshake de naranja

¿QUÉ NECESITÁS?

Ingredientes (para 4 vasos):
1 pote de leche condensada.
¼ k de helado de naranja.
4 naranjas

Utensilios:
1 exprimidor.
1 licuadora.
4 vasos altos o 4 copas de plástico.
4 sorbetes.

¿TE TIENE QUE AYUDAR UN ADULTO?

Sí. Tiene que cortarte las naranjas al medio para que vos puedas hacer el jugo.

¿QUÉ TENÉS QUE HACER?

1) Pedile a un adulto que te corte las naranjas al medio y, usando el exprimidor, hacé el jugo de naranja.

2) Poné en el vaso de la licuadora el jugo obtenido y agregale la leche condensada y el helado de naranja.

3) Licuá todos los ingredientes hasta obtener una preparación pareja y espumosa.

4) Serví de inmediato (para que no se enfríe ni se baje la espuma) en los vasos altos o copas y colocale un sorbete a cada uno.

Índice

Iglesias, Mara
  Cocina fácil para chicos y chicas : recetas simples, ricas... ¡y
divertidas! / Mara Iglesias ; ilustrado por Páez Víctor. - 1a ed. -
Buenos Aires : Ediciones Lea, 2013.
  72 p. : il. ; 24x22 cm. - (¡Quiero saber!; 12)

  ISBN 978-987-634-922-2

  1. Cocina por Niños. 2. Libros de Recetas. I. Víctor, Páez, ilus. II. Título
CDD 641.512 3

Cocina fácil para chicos y chicas es editado por EDICIONES LEA S.A. Av. Dorrego C1414CJQ
Ciudad de Buenos Aires, Argentina. E-mail: info@edicioneslea.com / www.edicioneslea.com

ISBN 978-987-634-922-2

Primera edición. Impreso en Argentina.
Julio de 2013. Punto Arte y Reproducciones S.A.